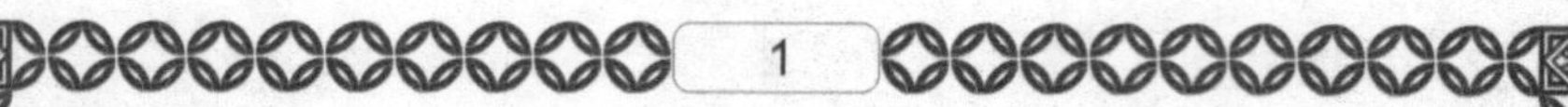

تختی نمبر (۱) ۔ مفردات

ہدایات ۔ مفردات کے نام جس طرح لکھے گئے ہیں، وہی اول سے آخر تک یاد کرائیں۔ سطر کے آخر سے دائیں طرف اور اوپر سے نیچے کی طرف نیچے سے پڑھوائیں۔ حروف کے نقطے نیچے ہیں یا اوپر؟ اور کتنے ہیں؟ خوب حفظ کرا دیں۔ طریقۂ تعلیم کا خوب خیال رکھیں ورنہ بچے کی عمر اور آپ کی محنت ضائع جائے گی۔

بِسْمِ اللهِ الرَّحْمٰنِ الرَّحِیْمِ ۞

ج _{جیم}	ث _{ثا}	ت _{تا}	ب _{با}	ا _{الف}
خ _{خا} ^F	د _{دال}	ذ _{ذال}	ر _{را}	ح _{حا}
ش _{شین}	ص _{صاد} ^F	ض _{ضاد} ^F	س _{سین}	ز _{زا}
ظ _{ظا} ^F	ع _{عین}	غ _{غین} ^F	ف _{فا}	ط _{طا}
ل _{لام}	ک _{کاف}	م _{میم}	ن _{نون}	ق _{قاف} ^F
ی _{یا}	ء _{ہمزہ}	ہ _{ہا}	و _{واؤ}	ے _{یا}

F = Full mouth – to read with a rounded mouth

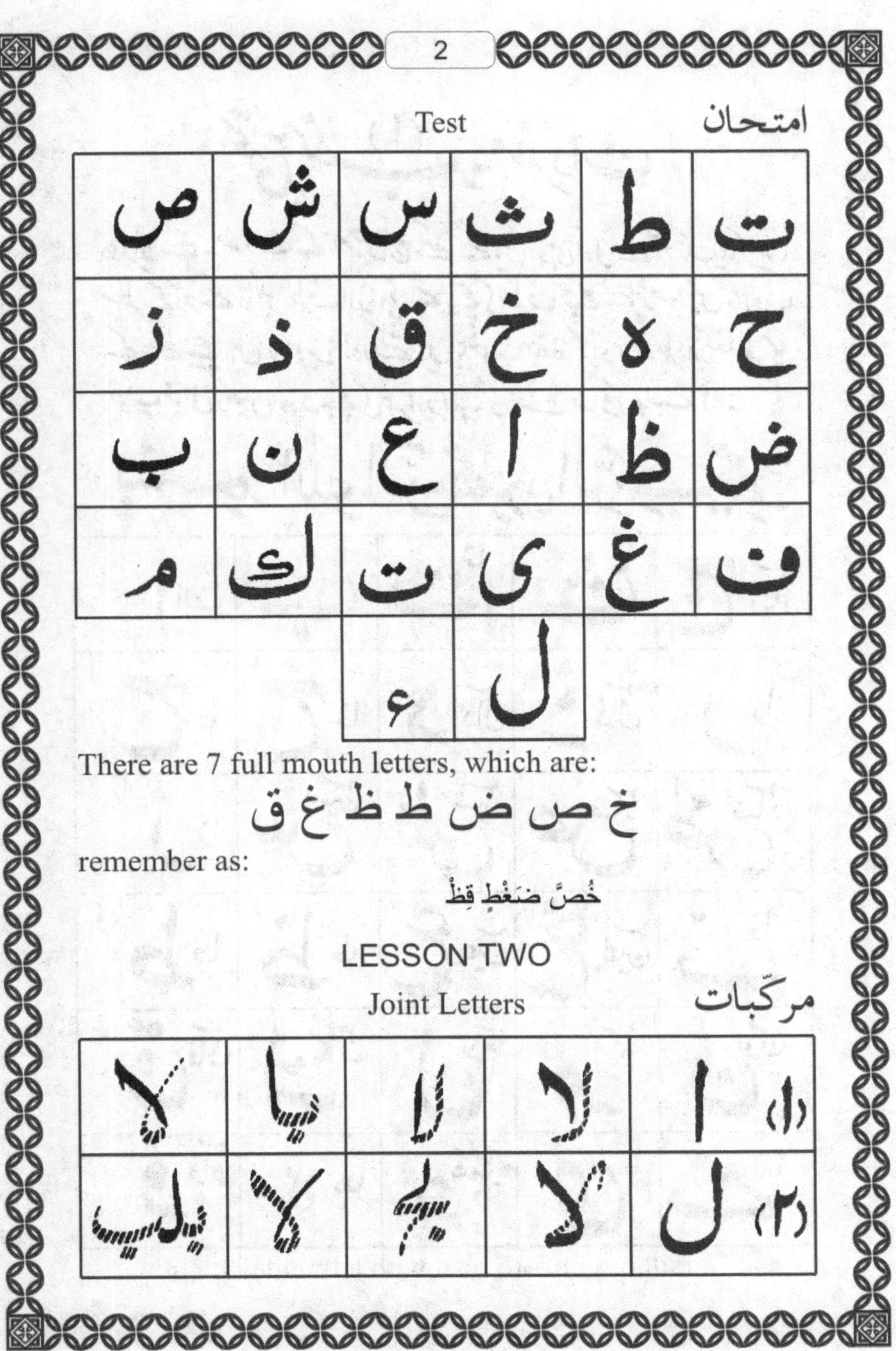

There are 7 full mouth letters, which are:

خ ص ض ط ظ غ ق

remember as:

خُصَّ ضَغْطٍ قِظْ

LESSON TWO

Joint Letters

مرکّبات

(۲) ک | کب | ئن | کا

ک | کا | پکت | تگُش

(۳) ب ت ث ن ی

با | تا | ث | نا | ا

بس | یس | ن | ن

تن | تس | تس | شم

تم | نم | نم | بم

بہ | پد | نہ | تہ | تد

بم | پی | یی | نی

تی | ح | نیل | تنل

بین | ینل | تثل | نبین

(۵) ج	حش	خب	حت
ح خ	تحت	بجب	خت
(۶) ة	بيه	تته	شم
ه ۀ	يهب	يها	سهم
(۷) د ذ	بس	ختن	تن
س ن ر	ر	زير	تنز
(۸)	سل	شل	صب
س ش ص	طب	ضا	ظ
ض ط ظ			
(۹) ع	عن	غرا	مع
غ	شمع	يعا	تفل

ئُ ى	ؤُ	أُ	ع
ثُ قُل	فُ	قُ	ف (۱۰)
هُ م	رُ ف	فُل	ق و
مُ ت	مُ	مُ	م

امتحان
Test

To recognise and pronounce the letters with Tajweed, as quick as possible

اياك نستعين و مايد ريك لعله يزكى

اويذ كر فتنفعه الذكرى فسيكفيكهم

الله قبلتههم مستقيم بحجارة من

سجيل فجعلهم كعصف مأكول

لتنبئن

ᴦ = to elongate (pull) the sound of a letter

LESSON THREE

حروف مقطَعَات

Huroofe-Muqatta'at (individual letters)
(which appear at the beginning of some Surahs)

الٓمٓ	الٓمٓصٓ	الٓرٰ الٓرٰ
كٓهٰيٓعٓصٓ طٰسٓمٓ	طٰهٰ طٰسٓمٓ	حٰمٓ
طٰسٓ يٰسٓ صٓ	حٰمٓ	
حٰمٓ عٓسٓقٓ قٓ نٓ		

LESSON FOUR

Recite the Zabar, Zer and Pesh ﹷ ﹻ ﹹ swiftly without dragging even slightly. Now in each block practice both, the spelling as well as the **swiftness** and fluency.

No Pulling Whatsoever.

ﹷ is called **er** sound as in fath**er**, moth**er**, wat**er**, etc.

حَ	جَ	ثَ تَ	بَ	اَ
سَ	زَ	رَ دَ	دَ	خَ

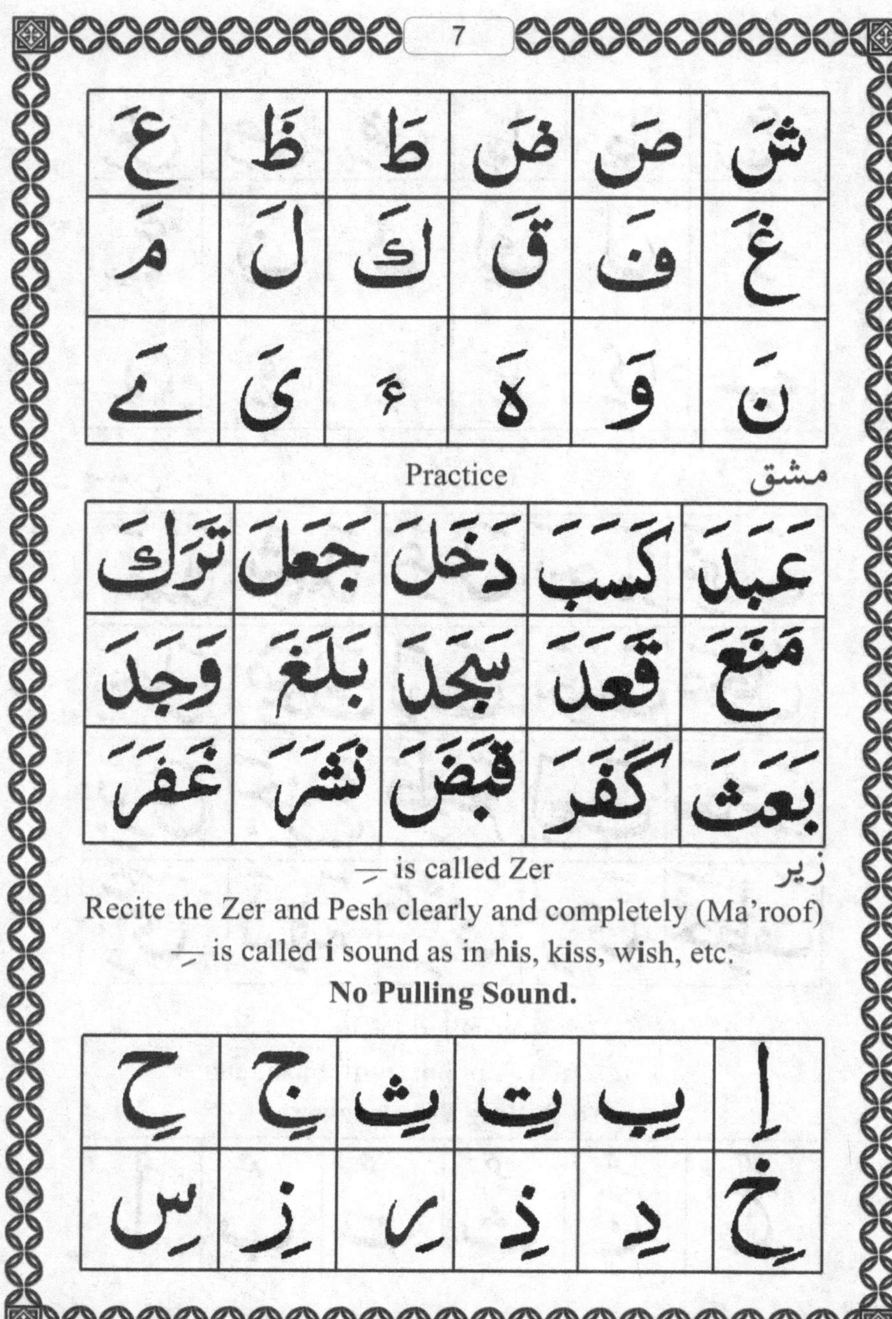

Practice مشق

ـِ is called Zer زیر

Recite the Zer and Pesh clearly and completely (Ma'roof)

ـِ is called **i** sound as in his, kiss, wish, etc.

No Pulling Sound.

عِ	ظِ	طِ	ضِ	صِ	شِ
مُ	لِ	كِ	قِ	فِ	غِ
نِ	ی	ءِ	ﮫ	وِ	نِ

مشق Practice

شَرِب	رَحِم	عَمِل	شَهِد	حَمِد
عَجِل	خَسِف	لَبِث	ضَحِك	بَخِل
سَخِر	لَعِب	طَمِع	جَزِع	بَرِق
خَطِف	نَسِی	غَشِی	سَقِم	عَمِی

پیش ُ is called Pesh

ُ = **u** sound as in p**u**t, p**u**ll, b**u**sh, etc.

No Pulling Whatsoever.

حُ	جُ	ثُ	تُ	بُ	اُ

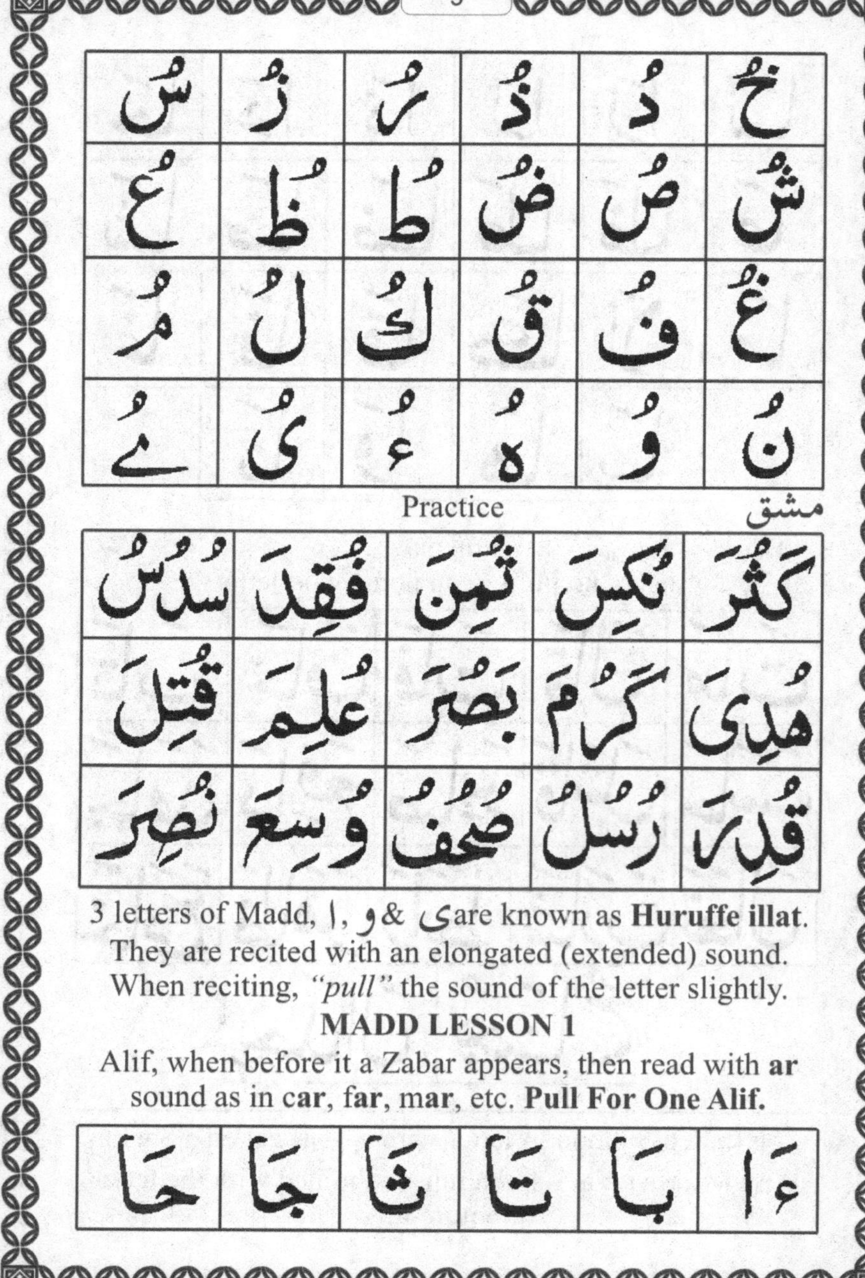

Practice مشق

3 letters of Madd, ا, و & ی are known as **Huruffe illat**.
They are recited with an elongated (extended) sound.
When reciting, *"pull"* the sound of the letter slightly.

MADD LESSON 1

Alif, when before it a Zabar appears, then read with **ar** sound as in **car**, **far**, **mar**, etc. **Pull For One Alif.**

سَا	زَا	رَا	ذَا	دَا	خَا
عَا	ظَا	طَا	ضَا	صَا	شَا
مَا	لَا	كَا	قَا	فَا	غَا
		يَا	هَا	وَا	نَا

مشق   Practice

Ensure no pulling on non-Madd letters

مَاتَ	قَالَ	فَاتَ	خَافَ	تَابَ
حَاسَبَ	قَاتَلَ	صَابِرَ	دَافَعَ	جَاهَدَ
تَعَالَ	شَارَبَ	رَابَطَ	ظَاهَرَ	خَادَعَ
			جُنَاحُ	جِدَالُ

ْ is called Sukoon. A letter with a ْ is called a Saakin. Any letter with a Sukoon must be joined with the letter before it.

MADD LESSON 2

The letter ى which has a jazam, is called Yaa Saakin (ىْ). If before it appears a Zêr, read with **ee** sound as in f**ee**t, m**ee**t. Join the previous letter to it and recite. **Pull for One Alif.**

حِىْ	جِىْ	ثِىْ	تِىْ	بِىْ	اِىْ
سِىْ	زِىْ	رِىْ	ذِىْ	دِىْ	خِىْ
عِىْ	ظِىْ	طِىْ	ضِىْ	صِىْ	شِىْ
حِىْ	لِىْ	كِىْ	قِىْ	فِىْ	غِىْ
	يِىْ	هِىْ	وِىْ	نِىْ	

Practice — مشق

Ensure no pulling on non-Madd letter.

ذِكْرِىْ	دِيْنِىْ	اَخِىْ	اَبِىْ
عَذَابِىْ	سَبِيْلِىْ	عِبَادِىْ	يُوْحِىْ
تَمَاثِيْل	مَفَاتِيْح	رَازِقِيْن	اِيْتُوْنِىْ
		فِيْهِ	

MADD LESSON 3

وُ is called Wow Saakin. If a Pesh appears before the (وُ)
it must be read with an **oo** sound, as in f**oo**d, m**oo**d.
Pull For One Alif.

حُوْ	جُوْ	ثُوْ	تُوْ	بُوْ	اُوْ
سُوْ	زُوْ	رُوْ	ذُوْ	دُوْ	خُوْ
عُوْ	ظُوْ	طُوْ	ضُوْ	صُوْ	شُوْ
مُوْ	لُوْ	كُوْ	قُوْ	فُوْ	غُوْ
يُوْ	هُوْ	وُوْ	نُوْ		

مشق **Practice**

Ensure No Pulling on non-Madd Letter.

نُوْحٌ	طُوْرٌ	تُوْبُوْ	نُوْرٌ	قَالُوْ
هَارُوْنُ	جَالُوْتُ	قَارُوْنُ	هَارُوْتُ
بَاسِطُوْنَ	دَاخِرُوْنَ	مُسْلِمُوْنَ	سَبَقُوْنَا

The Kara Zabar ـٰ (upright Zabar) is equal to an alif

بْ is the same as بَا . Similar to Madd Lesson 1.

Practice   مشق

The Kara Zer ـٍ (upright zer) is equal to a ى - ب is the same as بِى . Similar to Madd Lesson 2.

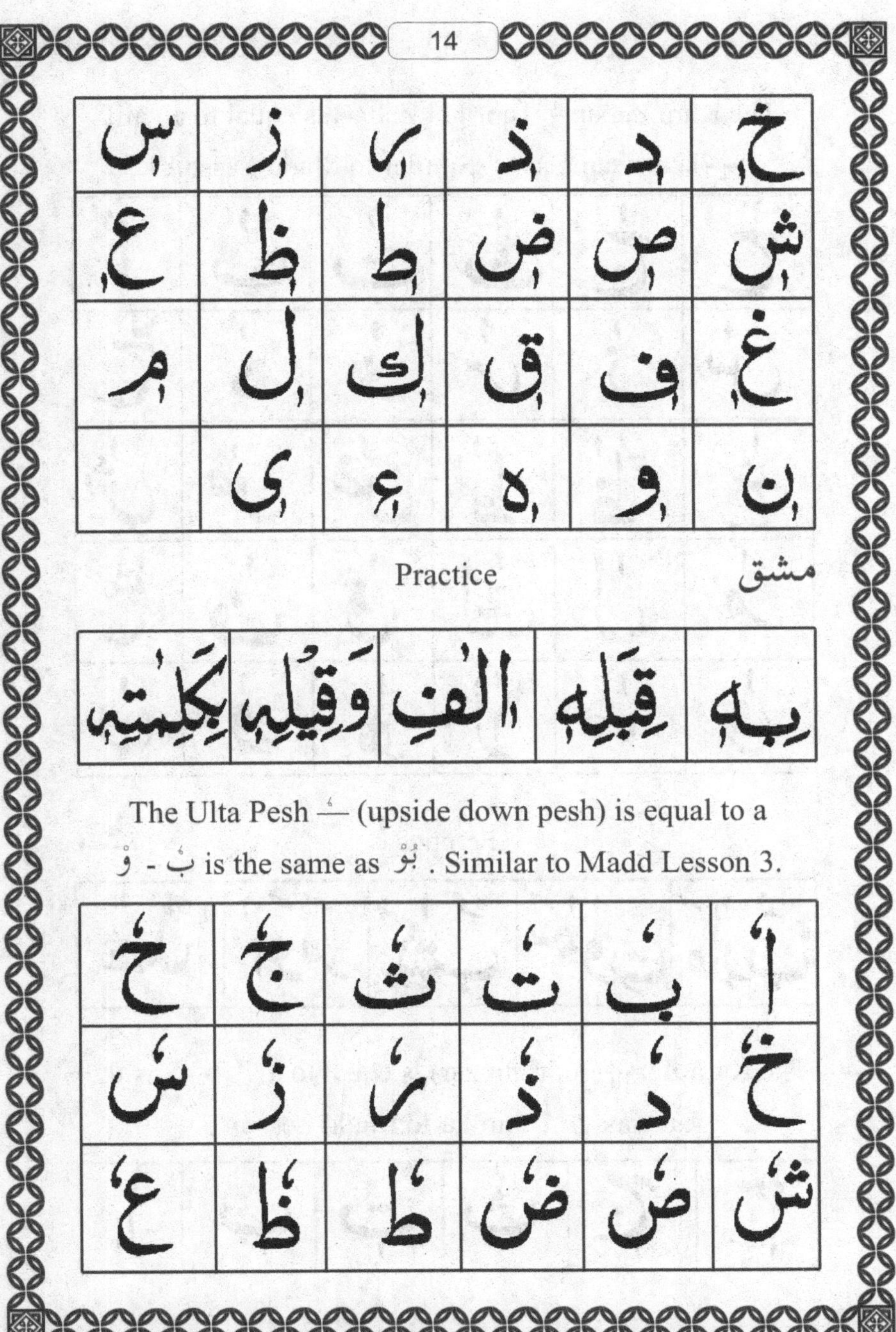

14

مشق   Practice

The Ulta Pesh ُ (upside down pesh) is equal to a

و - بُ is the same as بُوْ . Similar to Madd Lesson 3.

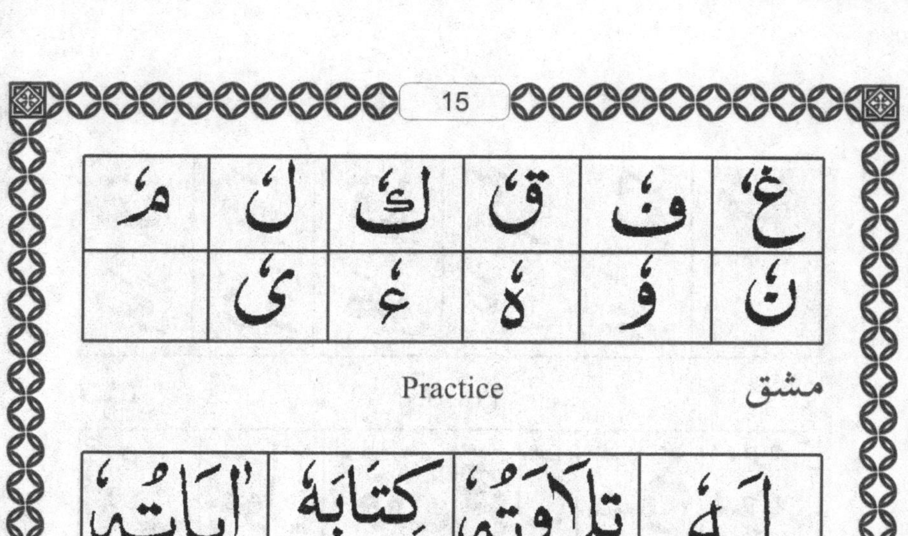

غ	ف	قُ	كَ	لُ	مُ
نُ	وُ	ءُ	ةُ	ئُ	

مشق Practice

لَهُ	تِلَاوَتُهُ	كِتَابَهُ	اٰيَاتُهُ
قَرِينُهُ	دَاؤدَ	مَاؤُرِى	وَرَسُولُهُ

HUROOFE-LEEN

The Huroofe Leen are 2. و and ى .
These Huroof with a soft tone are pronounced swiftly.
Read it with an active voice (i.e. as AY and not EY).

HUROOFE-LEEN 1

وُ is called Wow Saakin. If before it appears a Zabar read
with **ow** sound, as in know, low, glow.

Read With Quick Sound.

اَوْ	بَوْ	تَوْ	ثَوْ	جَوْ	حَوْ
خَوْ	دَوْ	ذَوْ	رَوْ	زَوْ	سَوْ
شَوْ	صَوْ	ضَوْ	طَوْ	ظَوْ	عَوْ

مَوْ	لَوْ	كَوْ	قُوْ	فَوْ	غَوْ
نَوْ	يَوْ	ءَوْ	هَوْ	وَوْ	

مشق   Practice

نَوْمٌ	صَوْمٌ	قَوْلُ	سَوْفَ	حَوْلَ	أَوْفِ

HUROOFE-LEEN 2

ىْ is called Yaa Saakin. If before it appears a Zabar read
with **ay** sound, as in b**ay**, h**ay**, m**ay**.
Read With Quick Sound.

حَیْ	جَیْ	ثَیْ	تَیْ	بَیْ	آیْ
سَیْ	زَیْ	رَیْ	ذَیْ	دَیْ	خَیْ
عَیْ	ظَیْ	طَیْ	ضَیْ	صَیْ	شَیْ
مَیْ	لَیْ	كَیْ	قَیْ	فَیْ	غَیْ
یَیْ	ءَیْ	هَیْ	وَیْ		نَیْ

Practice   مشق

كَيْفَ	صَيْفٌ	بَيْنٌ	اَيْنَ
لَيْتَ	مَوْءُدَةٌ	اَوْحَيْتُ	يُنَادُوْنَ
اَوْجَسَ	سُلَيْمٰنُ	يَتَنَاهَوْنَ	فَتَعَالَيْنَ

LESSON FIVE

Practising Harkats and Huroofe-Illat

اُولٰٓئِكَ	هٰٓؤُلَاءِ	اٰيْتِنَا	خِفَاءً	وَكَوَاعِبَ
وَحَدَآئِقَ	فَقَالَ	يَقُوْلُ	يٰلَيْتَنِيْ	مَا
خَلَقَ	يَتَغَامَزُوْنَ	وَمَاكَسَبَ		وَمَا
وَسَقَ	اِذَاحَسَدَ	اِذَاجَاءَ	اِذَاوَقَبَ	
وَاِذَاقُرِئَ	وَاِذَاكَالُوْا	حَافِظِيْنَ		

بِغَآئِبِيْنَ — بِمَايُوْعُوْنَ — وَمَاتَشَآءُوْنَ

وَتَوَاصَوْا — وَلَايَخَافُ — وَمَانَقَمُوْا

وَمَآاُمِرُوْا — فِيْ عِبَادِيْ — فِيْ جِيْدِهَا

كَانَ بِهٖ — وَفِيْ ذٰلِكَ — عَلٰى ذٰلِكَ

كَيْفَ فَعَلَ — وَلِيَ دِيْنِ — اَوْحٰى لَهَا

فَعَقَرُوْهَا — يُوْمِرُوْنَهَا — لَايَمُوْتُ فِيْهَا

لَايَذُوْقُوْنَ فِيْهَا — فَحَشَرَ فَنَادٰى

فَقَدْرَعَلَيْهِ — وَطُوْرِسِيْنِيْنَ — وَاَبِيْهِ

وَصَاحِبَتِهٖ وَبَنِيْهِ — وَاُوْتِيَ كِتٰبَهٗ

بِيَمِيْنِهٖ فَسَوْفَ يُحَاسَبُ

LESSON SIX

ً —ٍ —ٌ Tanween and Noon Saakin نْ . Tanween means a double Zabar —ً, double Zer —ٍ or double Pesh —ٌ.

Noon Saakin is that Noon which has a Sukoon on it.

Noon Saakin and Tanween are pronounced the same:

بًا = بَنْ

بٌنْ	بُ	بٍنْ	بِ	بَنْ	بًا
يٌنْ	ئُ	يٍنْ	ی	يَنْ	يًا
رٌنْ	رُ	رٍنْ	رِ	رَنْ	رًا
مٌنْ	مُ	مٍنْ	مِ	مَنْ	مًا
لٌنْ	لُ	لٍنْ	لِ	لَنْ	لًا
وٌنْ	وُ	وٍنْ	وِ	وَنْ	وًا
نٌنْ	نُ	نٍنْ	نِ	نَنْ	نًا

ثُنْ	تُّ	تِنْ	تِ	تَنْ	تَآ
ثُنْ	ثُّ	ثِنْ	ثِ	ثَنْ	ثَآ
جُنْ	جُّ	جِنْ	جِ	جَنْ	جَآ
دُنْ	دُّ	دِنْ	دِ	دَنْ	دَآ
ذُنْ	ذُّ	ذِنْ	ذِ	ذَنْ	ذَآ
زُنْ	زُّ	زَنْ	زِ	زَنْ	زَآ
سُنْ	سُّ	سِنْ	سِ	سَنْ	سَآ
شُنْ	شُّ	شِنْ	شِ	شَنْ	شَآ
صُنْ	صُّ	صِنْ	صِ	صَنْ	صَآ
ضُنْ	ضُّ	ضِنْ	ضِ	ضَنْ	ضَآ

طُنْ	طُّ	طِنْ	طِ	طَنْ	طَّا
ظُنْ	ظُّ	ظِنْ	ظِ	ظَنْ	ظَّا
فُنْ	فُّ	فِنْ	فِ	فَنْ	فَّا
قُنْ	قُّ	قِنْ	قِ	قَنْ	قَّا
كُنْ	كُّ	كِنْ	كِ	كَنْ	كَّا
اُنْ	اُّ	اِنْ	اِ	اَنْ	ءَّ
هُنْ	هُّ	هِنْ	هِ	هَنْ	هَّا
عُنْ	عُّ	عِنْ	عِ	عَنْ	عَّا
حُنْ	حُّ	حِنْ	حِ	حَنْ	حَّا
غُنْ	غُّ	غِنْ	غِ	غَنْ	غَّا
خُنْ	خُّ	خِنْ	خِ	خَنْ	خَّا

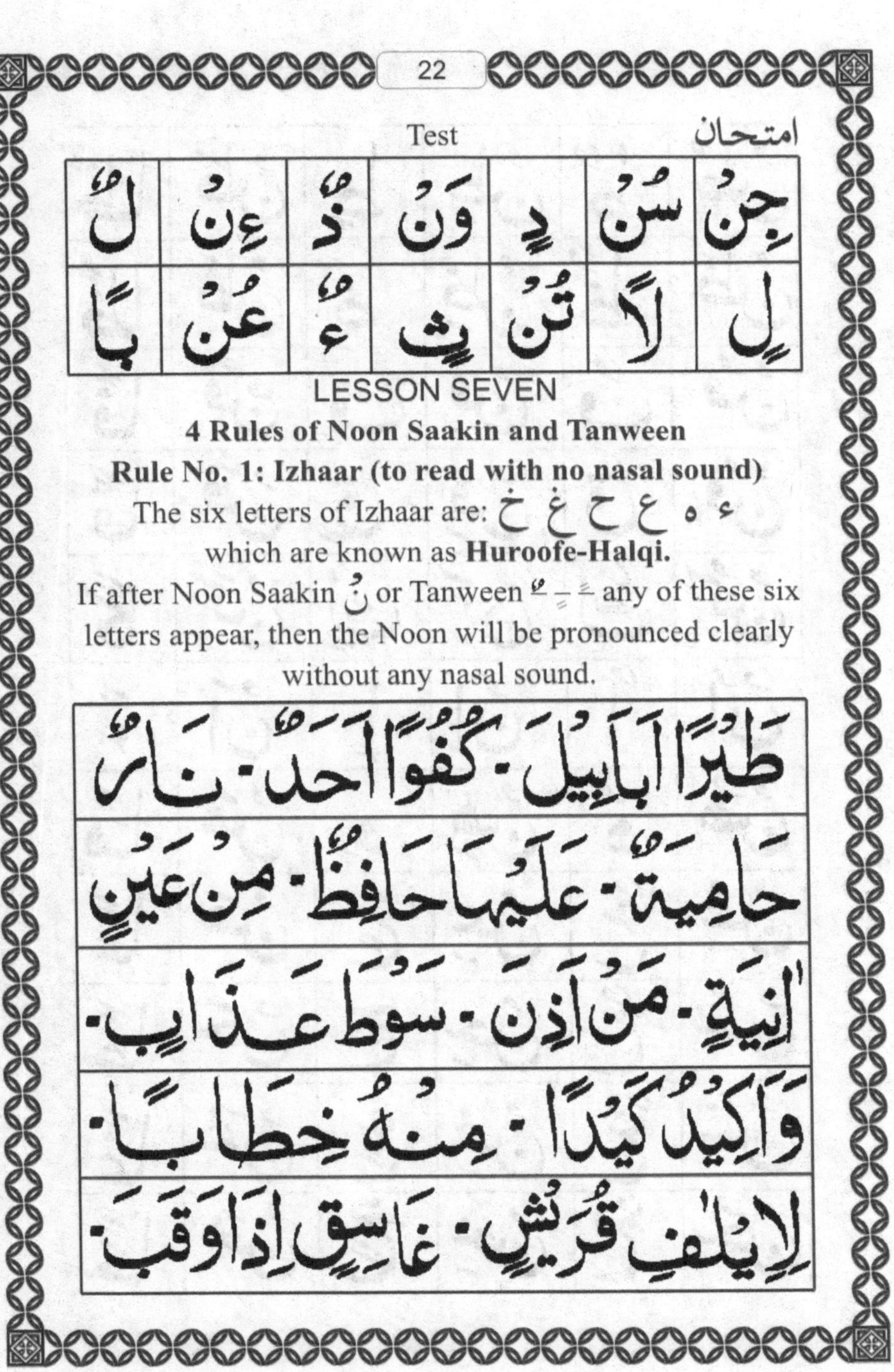

Test   امتحان

لُؤْ	نُ	نُّ	وَنْ	سُنْ	جِنْ
بَا	عُنْ	ءُ	تُنْ	لَا	لِ

LESSON SEVEN

4 Rules of Noon Saakin and Tanween

Rule No. 1: Izhaar (to read with no nasal sound)

The six letters of Izhaar are: خ غ ع ح هـ ء

which are known as **Huroofe-Halqi.**

If after Noon Saakin نْ or Tanween any of these six letters appear, then the Noon will be pronounced clearly without any nasal sound.

طَيْرًا اَبَابِيْلَ ۔ كُفُوًا اَحَدٌ ۔ نَارٌ

حَامِيَةٌ ۔ عَلَيْهَا حَافِظٌ ۔ مِنْ عَيْنٍ

اَنِيَةٍ ۔ مَنْ اٰذَنَ ۔ سَوْطَ عَذَابٍ ۔

وَاَكِيْدُ كَيْدًا ۔ مِنْهُ خِطَابًا ۔

لِاِيْلٰفِ قُرَيْشٍ ۔ غَاسِقٍ اِذَا وَقَبَ ۔

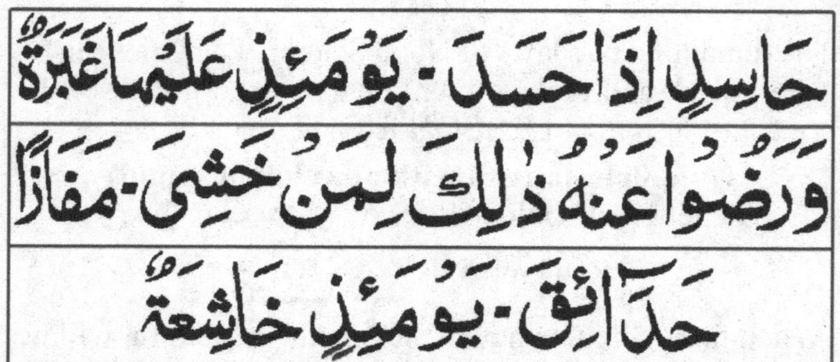

حَاسِدٍ اِذَا حَسَدَ ۔ يَوْمَئِذٍ عَلَيْهَا غَبَرَةٌ

وَرِضْوَانُهُ ذٰلِكَ لِمَنْ خَشِيَ ۔ مَفَازًا

حَدَآئِقَ ۔ يَوْمَئِذٍ خَاشِعَةٌ

Rule No. 2: Ikhfaa (to read with slight nasal sound)

The letters of Ikhfaa are 15:

ت ث ج د ذ ز س ش ص ض ط ظ ف ق ك

If after Noon Saakin نْ or Tanween ـٌ ـٍ ـً, any one of the 15 letters appear, then the sound of the Noon will be read from the nose (it will be be pulled for one Alif).

اَنْتَ مُنْذِرٌ ۔ اِذَاشَآءَ اَنْشَرَهُ ۔ فَمَنْ شَآءَ

ذَكَرَهُ ۔ فِيْهَا عَيْنٌ جَارِيَةٌ ۔ لَقَوْلُ رَسُوْلٍ

كَرِيْمٍ ۔ يٰلَيْتَنِيْ كُنْتُ تُرٰبًا ۔ نَاصِيَةٍ

كَاذِبَةٍ ۔ يَتِيْمًا فَاوٰى ۔ كِرَامًا

كَاتِبِيْنَ

NOTE:

The remaining two laws of Noon Saakin نْ or Tanween ـًـ – i.e. Iqlaab and Idghaam will be discussed in Lesson 16.

LESSON EIGHT

Qalqalah (to read with an echoing sound)

The letters of Qalqalah are 5: ق ط ب ج د .

Remember as: قُطُبُ جَدٍ

When these 5 letters have a Jazam, their Makhraj will be read with an echo and become distinct.

بُبْ	بِبْ	بَبْ	أُبْ	اِبْ	أَبْ
ثُبْ	ثِبْ	ثَبْ	تُبْ	تِبْ	تَبْ
حُبْ	حِبْ	حَبْ	جُبْ	جِبْ	جَبْ
دُبْ	دِبْ	دَبْ	خُبْ	خِبْ	خَبْ
رُبْ	رِبْ	رَبْ	ذُبْ	ذِبْ	ذَبْ
سُبْ	سِبْ	سَبْ	زُبْ	زِبْ	زَبْ
صُبْ	صِبْ	صَبْ	شُبْ	شِبْ	شَبْ

طُبْ	طِبْ	ضُبْ	ضِبْ	ضَبْ
عُبْ	عِبْ	ظُبْ	ظِبْ	ظَبْ
فُبْ	فِبْ	فَبْ	غُبْ	غِبْ	غَبْ
كُبْ	كِبْ	كَبْ	قُبْ	قِبْ	قَبْ
مُبْ	مِبْ	مَبْ	لُبْ	لِبْ	لَبْ
وُبْ	وِبْ	وَبْ	نُبْ	نِبْ	نَبْ
يُبْ	يِبْ	يَبْ	هُبْ	هِبْ	هَبْ

امتحان   Test

جُعْ	وَحْ	كُزِيدْ	جُلْ	كِتْ	بَسْ
اَاْ	رَءْ	رُودْ	سَجْ	جَبْ	بُطْ	اِقْ

LESSON NINE
4 Rules of Stopping:

Practice on Sukoon. In this lesson, besides practising Qalqalah, one also practises stopping on an Aayat.

1. If one stops on a Do Zabar ــً then it will be read as an Alif.

2. If the Aayat ends with a round ة then that will change to a HAA.

3. If one stops at a letter with ــِ ـَ ــُ ـِ ـَ ـً, then these will be read as sukoon (ــْ).

4. If a last letter has a Tashdeed (ــّ) **pull a little when stopping.**

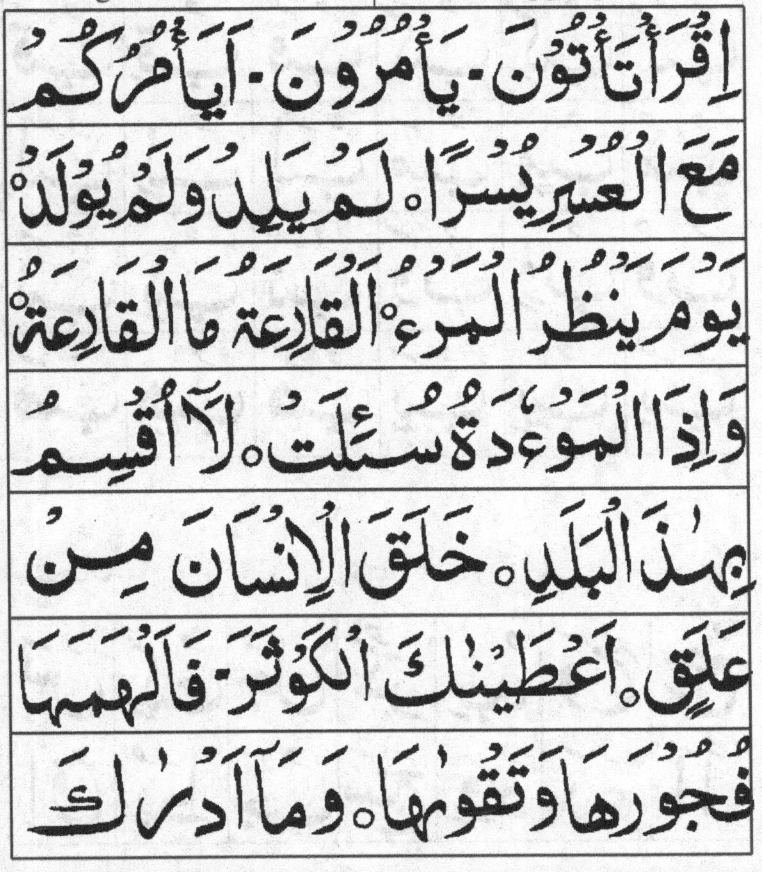

مَا لَيْلَةُ الْقَدْرِ ۚ وَتَكُونُ الْجِبَالُ كَا

لْعِهْنِ الْمَنفُوشِ ۚ اَلَمْ نَشْرَحْ لَكَ

صَدْرَكَ ۚ مَا أَغْنَىٰ عَنْهُ مَالُهُ وَمَا

كَسَبَ ۚ سَيَصْلَىٰ نَارًا ۚ هَلْ أَتَاكَ

حَدِيثُ مُوسَىٰ ۚ هَلْ أَتَاكَ حَدِيثُ

الْغَاشِيَةِ ۚ لَا أَعْبُدُ مَا تَعْبُدُونَ ۚ وَلَا

أَنتُمْ عَابِدُونَ مَا أَعْبُدُ ۚ وَهُوَ الْغَفُورُ

الْوَدُودُ ۚ ذُو الْعَرْشِ الْمَجِيدُ ۚ وَهَٰذَا

الْبَلَدِ الْأَمِينِ ۚ لَقَدْ خَلَقْنَا الْإِنسَانَ

فِى أَحْسَنِ تَقْوِيمٍ ۚ إِذَا زُلْزِلَتِ الْأَرْضُ

زِلْزَالَهَا ۝ وَأَخْرَجَتِ الْأَرْضُ أَثْقَالَهَا ۝

وَقَالَ الْإِنْسَانُ مَالَهَا ۝ وَالْعَادِيَاتِ ضَبْحًا ۝

فَالْمُورِيَاتِ قَدْحًا ۝ فَالْمُغِيرَاتِ صُبْحًا ۝

فَأَثَرْنَ بِهِ نَقْعًا ۝ فَوَسَطْنَ بِهِ جَمْعًا ۝

تَجْرِي مِنْ تَحْتِهَا الْأَنْهَارُ خَالِدِينَ فِيهَا

أَبَدًا ۝ الْآنَ ۝ الْمَفَرُّ ۝ الْمُسْتَقَرُّ

LESSON TEN

ا بْ ب = ا بْ ب

After recognising the Tashdeed ّ sign make the pupil understand that the Tashdeed is recited twice. Once when the previous letter is joined to the Mushaddad (a letter with a Tashdeed) letter and again when the Mushaddad is pronounced on its own. There is a sort of firmness in the Tashdeed. It seems as if the voice stopped then carried on.

اَبّ	اِبّ	اُبّ	اَبّ
اُبّ	اِبّ	اَبّ	

اُبًّا	اُبًّا	اِبًّا	اُبْ	اِبْ	اَبْ
اُبّْ	اُبّْ	اَبّْ	اُبْ	اِبْ	اَيْبْ
بُبّْ	بَبّْ	بِيبْ	بَبّْ	بِبّْ	بَبّْ
بِبًّا	بِبًّا	بَبْ	بُبْ	بَبْ	بُبْ
بَبْ	بِيبْ	بَبْ	بُبْ	بِيبْ	بَبّْ
تِيبْ	تَيبْ	تَبْ	تَبْ	تِبْ	تَبْ
تَبًّا	تَبًّا	تَبْ	تُبْ	تُبْ	تُبْ
تَبْ	تِبْ	تَبْ	تِيبْ	تِيبْ	تِيبْ
ثَبّْ	ثَبّْ	ثَبّْ	ثُبّْ	ثِبّْ	ثَبّْ
ثَبًّا	ثَبًّا	ثَبْ	ثَبْ	ثِبْ	ثُبّْ

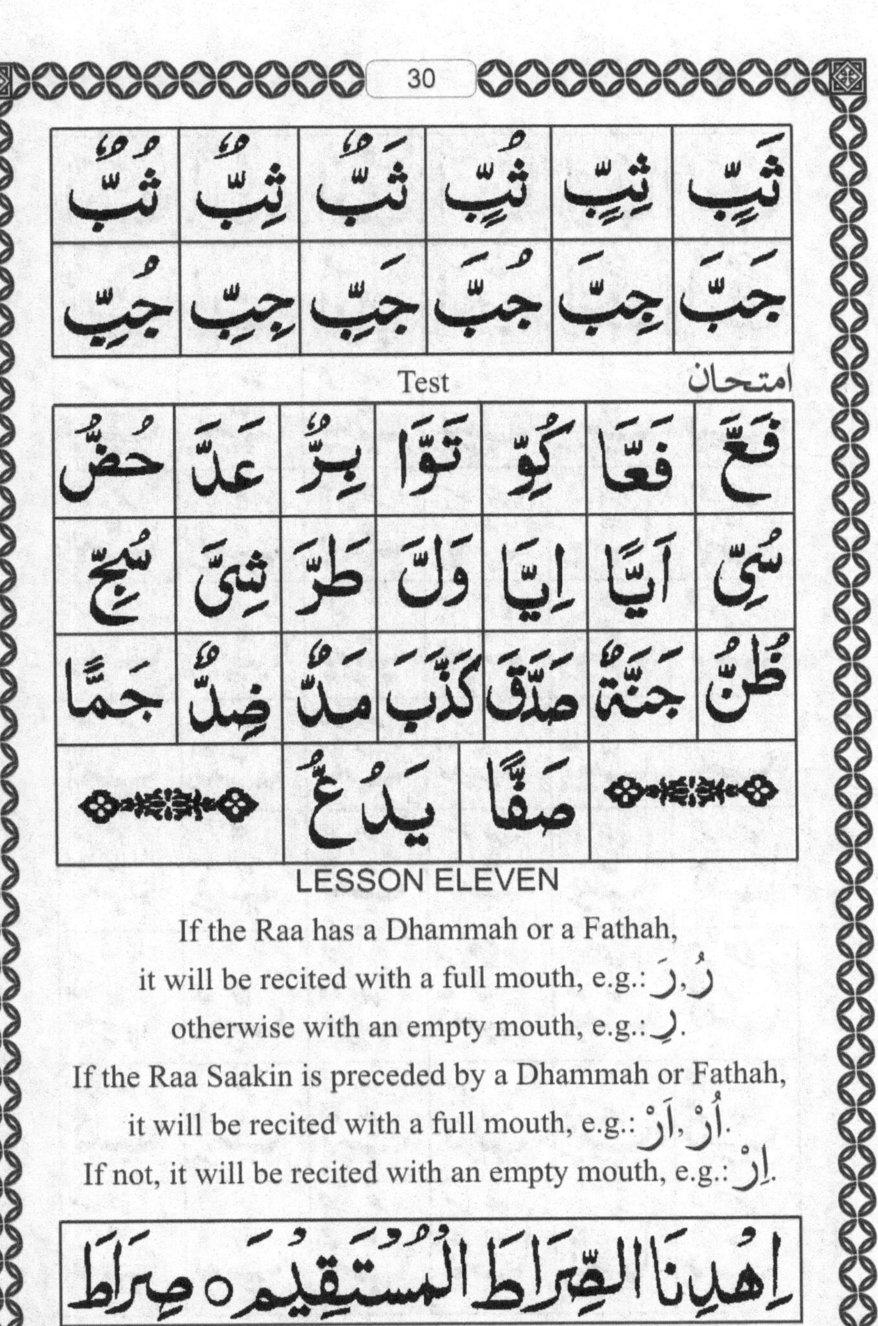

Test امتحان

LESSON ELEVEN

If the Raa has a Dhammah or a Fathah,

it will be recited with a full mouth, e.g.: رَ, رُ

otherwise with an empty mouth, e.g.: رِ.

If the Raa Saakin is preceded by a Dhammah or Fathah,

it will be recited with a full mouth, e.g.: اَرْ, اُرْ.

If not, it will be recited with an empty mouth, e.g.: اِرْ.

الَّذِيْنَ اَنْعَمْتَ عَلَيْهِمْ ۙ مِنْ شَرِّ مَا

خَلَقَ ۙ وَمِنْ شَرِّ غَاسِقٍ اِذَا وَقَبَ ۙ

فَصَلِّ لِرَبِّكَ وَانْحَرْ ۙ اِنَّ شَانِئَكَ

هُوَ الْاَبْتَرُ ۙ اَرَءَيْتَ الَّذِيْ يُكَذِّبُ

وَحُصِّلَ مَا فِي الصُّدُوْرِ ۙ ثُمَّ لَتُسْئَلُنَّ

يَوْمَئِذٍ عَنِ النَّعِيْمِ ۙ مَا وَدَّعَكَ رَبُّكَ

وَمَا قَلٰى ۙ بِاَنَّ رَبَّكَ اَوْحٰى لَهَا ۙ فَلَا

اُقْسِمُ بِالْخُنَّسِ ۙ الْجَوَارِ الْكُنَّسِ ۙ صَبًّا

الْمَآءَ صَبًّا ۙ ثُمَّ شَقَقْنَا الْاَرْضَ شَقًّا ۙ

NOTE 1:

Noon Mushaddad نّ must be recited with a Ghunnah.

NOTE 2:

Meem Mushaddad مّ must be recited with a Ghunnah.

LESSON TWELVE

If ٰ or ُ appears before the word اللہ then read with a full mouth.

If ِ appears before the word اللہ then read with an empty mouth.

Practice of **Tashdeed** followed by a **Saakin**.

أَعُوذُ بِاللهِ مِنَ الشَّيْطٰنِ الرَّجِيمِ ۝

بِسْمِ اللهِ الرَّحْمٰنِ الرَّحِيمِ ۝

الْحَمْدُ لِلّٰهِ رَبِّ الْعٰلَمِينَ ۝ الرَّحْمٰنِ

الرَّحِيمِ ۝ مٰلِكِ يَوْمِ الدِّينِ ۝ اِيَّاكَ

نَعْبُدُ وَاِيَّاكَ نَسْتَعِينُ ۝ مِنْ شَرِّ الْوَسْوَاسِ

الْخَنَّاسِ ۝ الَّذِي يُوَسْوِسُ فِي صُدُورِ

النَّاسِ مِنَ الْجِنَّةِ وَالنَّاسِ ۝ قُلْ هُوَ اللهُ

أَحَدٌ ۝ اللهُ الصَّمَدُ ۝ حَمَّالَةَ الْحَطَبِ

تَبَّتْ يَدَا ۠ فَسَبِّحْ بِحَمْدِ رَبِّكَ ۔

فَذَٰلِكَ الَّذِى يَدُعُّ الْيَتِيمَ ۞ وَأَمَّا

مَنْ خَفَّتْ مَوَازِينُهُ فَأُمُّهُ هَاوِيَةٌ ۞

وَالتِّينِ وَالزَّيْتُونِ ۞ وَأَمَّا بِنِعْمَتِ رَبِّكَ

فَحَدِّثْ ۞ وَالشَّمْسِ وَضُحَاهَا ۞ إِذَا

السَّمَاءُ انْشَقَّتْ ۞ وَأَذِنَتْ لِرَبِّهَا وَحُقَّتْ

وَإِذَا الْأَرْضُ مُدَّتْ ۞ وَأَلْقَتْ مَا فِيهَا

وَتَخَلَّتْ ۞

LESSON THIRTEEN

Practice of **Tashdeed** followed by another **Tashdeed**.

إِنَّ الَّذِينَ ۞ إِلَّا الَّذِينَ ۞ قُلْ أَعُوذُ بِرَبِّ

النَّاسِ ۞ مَلِكِ النَّاسِ ۞ اِلٰهِ النَّاسِ ۞

وَمِنْ شَرِّ النَّفّٰثٰتِ فِى الْعُقَدِ ۞ وَمِنْ

شَرِّ حَاسِدٍ اِذَا حَسَدَ ۞ كَلَّا اِنَّ كِتٰبَ

الْاَبْرَارِ لَفِىْ عِلِّيِّيْنَ ۞ وَمَا اَدْرٰىكَ

مَا عِلِّيُّوْنَ ۞ وَمَا يُدْرِيْكَ لَعَلَّهٗ يَزَّكّٰى ۞

اَوْ يَذَّكَّرُ فَتَنْفَعَهُ الذِّكْرٰى ۞

LESSON FOURTEEN

Tashdeed coming after the **letters of Madd.**

غَيْرِ الْمَغْضُوْبِ عَلَيْهِمْ وَلَا الضَّآلِّيْنَ ۞

وَوَجَدَكَ ضَآلًّا فَهَدٰى ۞ فَاِذَا

جَآءَتِ الطَّآمَّةُ الْكُبْرٰى ۞ فَاِذَا

جَآءَتِ الصَّآخَّةُ ٥ وَلَا تَحَضُّوْنَ

عَلٰى طَعَامِ الْمِسْكِيْنِ ٥ وَاِذَا رَاَوْهُمْ

قَالُوْٓا اِنَّ هٰٓؤُلَآءِ لَضَآلُّوْنَ ٥

LESSON FIFTEEN

Practice of Meem Saakin مْ.

Meem Saakin has three laws:

1. **IZHAAR (no nasal sound):** If after مْ , any letter besides ب and م appears then read the Meem Saakin without pulling.

2. **IKHFAA (slight nasal sound):** If after Meem Saakin ب appears, then it will be read with Ghunnah.

3. **IDGHAAM (to join):** If after Meem Saakin another Meem appears, they will be joined and read with Ghunnah.

هُمْ فِيْهَا ـ لَكُمْ دِيْنُكُمْ وَلِيَ دِيْنِ ٥

اِنَّ رَبَّهُمْ بِهِمْ ٥ تَرْمِيْهِمْ

بِحِجَارَةٍ ٥ لَهُمْ مَّا يَشَآءُوْنَ ٥

LESSON SIXTEEN

The remaining laws of Noon Saakin and Tanween.

Rule No. 3 of Noon Saakin ‎نْ‎ and Tanween ‎ـٌ ـٍ ـً‎ is

IQLAAB (to change):

If after Noon Saakin ‎نْ‎ or Tanween ‎ـٌ ـٍ ـً‎ ‎ب‎ appears, then the Noon Saakin ‎نْ‎ or Tanween ‎ـٌ ـٍ ـً‎ will change to Meem and will be read with Ghunnah.

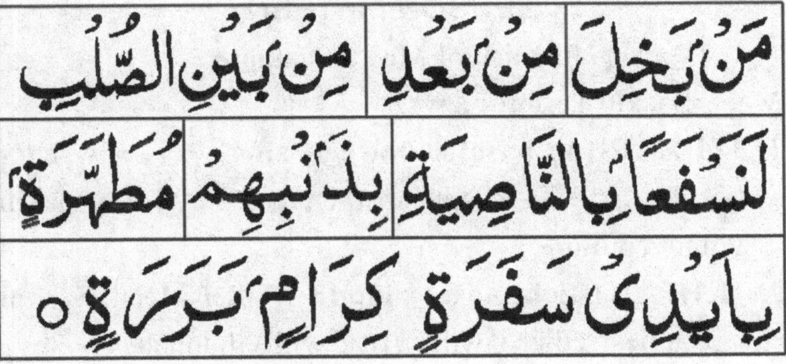

Rule No. 4 of Noon Saakin ‎نْ‎ and Tanween ‎ـٌ ـٍ ـً‎ is

IDGHAAM:

(which means to join one Saakin letter into a Mushaddad letter, appearing after it, in the next word)

The letters of Idghaam are 6: ‎ن و ل م ر ى‎

They are also called the letters of ‎يَرْمَلُوْن‎

If after Noon Saakin ‎نْ‎ or Tanween ‎ـٌ ـٍ ـً‎ these six letters appear, then it will be joined to the Noon Saakin ‎نْ‎ or Tanween ‎ـٌ ـٍ ـً‎. For Laam and Raa join without Ghunnah. This is known as Idghaam Bilaa Ghunnah.

Join without Ghunnah

	ر 2	ل 1
Written As:	مِن رَّبِّهِمْ	مِن تَّبَّن
Recited As:	مِرْ رَّبِّهِمْ	مِلْ تَّبَّن
Written As:	غَفُورٌ رَّحِيمٌ	أَوْ لَكُمْ
Recited As:	غَفُورُرْ رَّحِيمْ	أَوْ فِلْ لَكُمْ
Written As:	مُحَمَّدٌ رَّسُولُ اللّٰهِ	لَدُنْكَ مِن
Recited As:	مُحَمَّدُرْ رَّسُولُ اللّٰهِ	لَدُنْكَ مِلْ
Written As:	رِزْقًا رَّاضِيَةٍ عِيْشَةٍ	لَكُمْ
Recited As:	رِزْقَلْ رَّاضِيَةٍ عِيْشَةُرْ	لَكُمْ

If after Noon Saakin نْ or Tanween ـٌـٍـً the letters:

ى م ن و

appear, then the Noon Saakin نْ or Tanween ـٌـٍـً will be joined with these letters and be read with Ghunnah. This type of joining is called Idghaam Bil Ghunnah.

4 letters join with Ghunnah

مغ الغنہ		ادغام		نون ساکن		تنوین یا	
ن 4		**م 3**		**و 2**		**ی 1**	
Written As:	مِن نَّبِيّ		مِن مَّن		مِن وَّلِيّ		مَن يَقُولُ
Recited As:	مِن نَّبِيّ		مِنم مَّن		مِنو وَّلِيّ		مَنى يَقُولُ
Written As:	شَيْءٍ نُّكِر		أَمْرٍ مَّرِيج		خَوْفًا وَّطَمَعًا		مَن يَشَاءُ
Recited As:	شَيْءٍ نُّكِر		أَمْرُم مَّرِيج		خَوْفَنو وَّطَمَعًا		مَن يَشَاءُ
Written As:	مِن تَّحِينِين		أَحَدٌ مِّنْهُم		طَوْعًا وَّكَرْهَا		مَن يُعْجِبُكَ
Recited As:	مِن تَّحِينِين		أَحَدُم مِّنْهُم		طَوْعَنو وَّكَرْهَا		مَنى يُعْجِبُكَ
Written As:	لِمَن نُّرِيد		بِشَيْءٍ مِّن		لَمَّا وَّتَحِبُّون		مَن يَعْمَل
Recited As:	لِمَن نُّرِيد		بِشَيْءٍ مِّن		لَمَّنو وَّتَحِبُّون		مَن يَعْمَل

LESSON SEVENTEEN

The unique script and writing of the Quraan.

In many places of the Quraan, Alif, Waaw and Yaa are
written yet they are not to be pronounced or read.
Below such places have been marked with an X.
In the graph below both have been sketched:—
1. The way it is written. 2. The manner it should be read.

Wherever the word أَنَا appears in the Quraan, and if
one is not stopping upon it, then the Alif
of it will **NOT** be recited. Rather it will be read as: أَنَ.

NOTE:

If the breath breaks on the word أَنَا, then the Alif should
be pronounced. Then when continuing, do not recite it.

Recited As:	Ref.:	Written As:
لَاۤ اِلَی الۡجَحِیۡمِ	پ۲۳	لَاۤ اِلَی الۡجَحِیۡمِ

Recited As	Ref.	Written As	Written As	Ref.
لِیَبۡلُو	پ۲۶	لِیَبۡلُوَا۟	اَفَاۤئِنۡ مَّاتَ	پ۴
نَبۡلُو	پ۲۶	نَبۡلُوَا۟	لَاۤ اِلَی الله	پ۴
ثَمُوۡد	پ۳۰	ثَمُوۡدَا۟	اَنۡ تَبَوَّؤٗا	پ۶
سَلَاسِلَ	پ۲۹	سَلَاسِلَا۟	مَلَئِهٖ	پ۹
قَوَارِیۡرَ	پ۲۹	قَوَارِیۡرَا۟	وَلَاۤ اَوۡضَعُوۡا	پ۹
مِنۡ نَّبَیۡءٍ	پ	مِنۡ نَّبَاۡئِ	ثَمُوۡد	پ۱۲
لِیَرۡبُوَفِیۡ	پ۲۱	لِیَرۡبُوَا۟ فِیۡ	لِتَتۡلُوَ	پ۱۳
لَاَنۡتُمۡ اَشَدُّ	پ۲۸	لَاۤ اَنۡتُمۡ اَشَدُّ	لَنۡ نَّدۡعُوَ	پ۱۵
ثَمُوۡدَ وَاَصۡحٰ	پ۱۹	ثَمُوۡدَا۟ وَاَصۡحٰب	لِشَیۡءٍ	پ۱۵

عَادًا وَّثَمُود	۲۰پ	عَادًا وَّثَمُودَا۟	لٰكِنَّ	۱۵پ	لٰكِنَّا
بِئۡسَ لِسۡمِ	۲۶پ	بِئۡسَ الِاسۡمُ	لَاۤ اَذۡبَحَنَّهٗ	۱۹پ	لَاۤ اَذۡبَحَنَّهٗ
زَكَاتَ صَلَاتَ	۱پ	زَكٰوةَ صَلٰوةَ	وَلَاۤ اَنۡ عَابِدٌ مَّا عَبَدتُّمۡ	۳۰پ	وَلَاۤ اَنَا۠ عَابِدٌ مَّا عَبَدتُّمۡ
مُوۡسَا عِیۡسَا	۸پ	مُوۡسٰی عِیۡسٰی	حَیاتٍ مِّشۡكٰوةٍ	۱۸پ	حَیوٰتٍ مِّشۡكٰوةٍ

NOTE:

If the breath breaks on the word أَنَا ,
then the Alif should be pronounced.
Then when continuing, do not recite it.

LESSON EIGHTEEN

The signs of Waqf (stopping).

Waqf means to stop.

It is necessary to know where to stop and where not to stop during recitation.

As a guide, signs have been placed in the Quraan Shareef.

The Ustaad should make the pupils aware of this and commence its practice from 30th Para.

Sign	Meaning	Sign	Meaning
٥	Sign of an Aayat. One should stop here.	س or سكت	One should pause for a while without breaking the breath.
م	Sign of Waqfe Laazim. Necessary stop.	وقف	Here one should pause for more than Saktah without breaking one's breath.
ط	A sign of Waqfe Mutlaq. One should stop.		
ج	Preferable to stop. To continue is also permissible.	لا	If this sign appears on any Aayat, it means that stopping or joining will not affect the meaning. If it has to appear between an Aayat, then it means that one should not stop here, otherwise the meaning will be affected.
ز	Preferable not to stop.		
ص	One should join and continue. If one stopped, due to short breath, it is allowed.		
صلى	Here one should join and read.	ك	In the previous Aayat, whatever sign appears, the same will apply here.
صل	Preferable to stop here.	∴∴	Must stop at one set of the 3 dots (∴). Do not stop at both. Do not continue at both.
ق	One should not stop here.		
قف	Stop here.		

LESSON NINETEEN – Revision

جَزَآءٌ ٥ مَلٰٓئِكَةٌ ٥ اِنَّا اَعْطَيْنٰكَ

الْيَنَا ايا بهم ٥ مِنْ رَّبِّكَ صُفًّا

لَا يَتَكَلَّمُوْنَ / اَكْلًا لَّمًّا ٥ وَّتُحِبُّوْنَ

الْمَالَ حُبًّا جَمًّا ٥ نَارًا حَامِيَةً ٥

تُسْقٰى مِنْ عَيْنٍ اٰنِيَةٍ ٥ مِنْ بَخِلَ

مِنْ بَعْدِ ٥ مِنْ بَيْنِ الصُّلْبِ لَنَسْفَعًا

بِالنَّاصِيَةِ ٥ بِذُنُوْبِهِمْ ٥ مُطَهَّرَةٍ

بِاَيْدِى سَفَرَةٍ ٥ كِرَامٍ بَرَرَةٍ ٥ هُمْ

فِيْهَا ـ لَكُمْ دِيْنُكُمْ وَلِىَ دِيْنِ ٥

اِنَّ رَبَّهُمْ بِهِمْ ٥ تَرْمِيْهِمْ

بِحِجَارَةٍ ٥ لَهُمْ مَّا يَشَآءُوْنَ مِمَّ

اَللّٰهُمَّ ج طَوْعًا وَّكَرْهًا ج اَحَدٍ

مِّنْهُمْ ج مَنْ يُّعْجِبُكَ ج مَنْ يَّشَآءُ ج

مِنْ نَّصِيرِيْنَ ج بِشَيْءٍ مِّنْ عِلْمِهٖ

وَلَاَجْرُ الْاٰخِرَةِ اَكْبَرُ لَوْ كَانُوْا

يَعْلَمُوْنَ ۞ لَا تُحْمِلُ رِزْقَهَا ج اَللّٰهُ

يَرْزُقُهَا ج اِنَّمَا الْمَسِيْحُ عِيْسَى ابْنُ

مَرْيَمَ رَسُوْلُ اللّٰهِ وَكَلِمَتُهٗ ج اَلْقٰهَا

اِلٰى مَرْيَمَ وَرُوْحٌ مِّنْهُ ۖ فَاٰمِنُوْا

بِاللّٰهِ وَرُسُلِهٖ ۖ وَلَا تَقُوْلُوْا ثَلٰثَةٌ ۘ

لِيَـ ... وَلْيَتَمَتَّعُوا

فَسَوْفَ يَعْلَمُونَ ... فَذَكِّرْ ... اِنَّمَا

أَنْتَ مُذَكِّرٌ ۛ وَلَمْ يَجْعَلْ لَهُ عِوَجًا

قَيِّمًا لِيُنْذِرَ ۛ كَلَّا بَلْ ۛ رَانَ ۛ مِنْ

مَرْقَدِنَا ۛ هٰذَا ۚ وَقِيلَ مَنْ

رَاقٍ ۖ أَلَسْتُ بِرَبِّكُمْ ۖ قَالُوا بَلَىٰ ۚ

شَهِدْنَا ۚ أَنْ تَقُولُوا ۛ إِلَيْكُمَا ۚ

بِآيَاتِنَا ۚ أَنْتُمَا ۚ مِنْ كُلِّ أَمْرٍ ۞

سَلَامٌ ۙ هِيَ حَتَّىٰ